OUEST TERNE

de

Charnel d'AGNEAU

Édition : BoD - Books on Demand, info@bod.fr

Impression : BoD - Books on Demand, In de Tarpen 42, Norderstedt (Allemagne)

Impression à la demande

ISBN : 978-2-3224-8505-5

Dépôt légal : mars 2024

A ceux qui me sont chers et me font
confiance.

A mes amis qui me lirez.
Au pilon qui me broiera.

Birches-Among-Oaks
Green Cap road
Wyoming

Charnel d'Agneau
4/01/19

SOMMAIRE

Préface   La poésie que j'aime

I-   Tristesse
II-   Un moderne païen
III-   Quel jour
IV-   Aventure enfantine
V-   Ma tête part
VI-   Couleurs
VII-   Ma prairie
VIII-   Chant
IX-   Nocturne
X-   Aux temps
XI-   L'instant béni
XII-   Ouest terne
XIII-   Ô Ô A
XIV-   Chant d'exil
XV-   A peu près
XVI-   Rue de la Miltière
XVII-   Ménages 1 à 4
XVIII-   Un soir
XIX-   Ces larmes-là
XX-   Allons enfants
XXI-   Colère
XXII-   A la parfin
XXIII-   La trahison des bergers
XXIV-   Bise Martine
XXV-   Psaume égaré

Biographie ahurissante très contestable

Lecteur,

Je n'explique pas. Je livre.
J'en livre suffisamment. Contente-toi de ce recueil déjà trop impudique, sans essayer de te faire plus voyeur que je ne donne à voir.

Si je ne veux pas en dire plus de moi, en revanche, je peux parler de poésie. Et si ce n'est en expert, du moins dire celle que j'aime.
J'aime Verlaine :
« De la musique avant toute chose
Et pour cela préfère l'impair
[…]
De la musique encore et toujours !
[…]
Que ton vers soit la bonne aventure
Eparse au vent crispé du matin
Qui va fleurant la menthe et le thym...
Et tout le reste est littérature. »
J'aime Gainsbourg pour les enjambements et rejets audacieux :
« Sous aucun prétex
-te je ne veux
Avoir de réflex
-es malheureux
Derrière un kleenex
Je saurais mieux
Comment te dire adieu. »

De ces deux-là je tiens les outils pour faire joli.

Un poème chante. Les mots font des sons et les phrases des rythmes. Un texte poétique est d'abord joli à dire et à écouter. Avant le sens, il est poétique par sa musique, et tant pis si tu ne comprends pas tout : moi non plus.

« La reine Blanche comme lis
Qui chantait à voix de seraine,
Berthe au grand pied, Bietris, Alis,
Haremburgis qui tint le Maine,
Et Jeanne, la bonne Lorraine
Qu'Anglais brûlèrent à Rouen ;
Où sont-ils, où, Vierge souveraine ?
Mais où sont les neiges d'antan ? »

François Villon, poète et sale type,

Un poème chante. A tel point que je parie que les poètes de la deuxième moitié du XXème siècle que l'histoire retiendra s'appellent Trenet Brassens, Brel...

Et puisqu'un poème chante, à quoi bon le traduire du français à l'anglais, de l'anglais au français ? N'est-ce pas un non-sens ? La traduction ne lui enlève-t-elle pas sa musique et son rythme ? J'imagine que le traducteur traduit avec la musique et les rythmes de sa langue, autrement dit ses mots, sa grammaire, ses rimes.

Dans ce cas, il fait lui-même œuvre de poète et le texte achevé est un autre poème vaguement inspiré du poème initial. Est-ce encore une traduction ? Je ne le crois pas. C'est une création à part entière.

> La queja sin fin
> del flébil violín
> otoñal
> hiere el corazón
> de un lánguido son
> letal.
>
> Carrere

Vraiment ? Est-ce la même chose que :

> Les sanglots longs
> Des violons
> De l'automne,
> Blessent mon cœur
> D'une langueur
> Monotone.
>
> Verlaine

Un poème peut être joli à regarder aussi. Ce n'est pas une obligation mais c'est un plus pour le lecteur.

Plus que les calligrammes d'Apollinaire, le poème « *Les Djinns* » d'Hugo m'inspire, avec ses vers qui peu à peu s'allongent jusqu'au paroxysme du passage des Djinns en furie, puis diminuent en même temps qu'ils partent et que le calme revient :

> « La rumeur approche.
> L'écho la redit. »
> [...]
> « Cris de l'enfer ! voix qui hurle et qui pleure !
> L'horrible essaim, poussé par l'aquilon,
> Sans doute, ô ciel ! s'abat sur ma demeure. »
> [...]
> « Tout fuit,
> Tout passe
> L'espace
> Efface
> Le bruit. »

Et puis Tardieu, Prévert moins qu'autrefois mais quand même, Charpentreau et d'autres m'amusent.

« Cyrano » me tire des larmes. Roxanne, Christian et Cyrano font écho à Chimène et Rodrigue. Il y a plus de Poésie dans "Cyrano" que dans nombre de poèmes de la fin du XXème siècle. Et *Georges Pompidou* cite Corneille dans son anthologie de la poésie.

J'aime la prose poétique de Daudet, « Gringoire, qu'elle était jolie la petite chèvre de M. Seguin ! qu'elle était jolie avec ses yeux doux, sa barbiche de sous-officier, ses sabots noirs et luisants, ses cornes zébrées... », **celle de Jules Renard dans** « Histoires naturelles », **celle de Pagnol de** « *La gloire de mon* *père »* et les poèmes qui sentent la récitation scolaire, ceux de Carême, Rollinat, La Fontaine... ceux que je connais par cœur ou presque et que je mâchonne, que je me récite comme un cantique ou une formule magique.

Ecrire un poème, c'est une expérience spirituelle, parfois. Lire je ne sais pas, mais écrire sûrement. En tout cas, le texte jaillit presque toujours d'une intériorité. La prière n'est jamais loin. Et donc la foi. Lisez *« Les psaumes »*, *« Le cantique des cantiques »*, le début de *« La Genèse »*. Lisez *«Le Prophète»* de Gibran. Et Verlaine encore :

Que ton vers soit la chose envolée
Qu'on sent qui fuit d'une âme en allée
Vers d'autres cieux à d'autres amours.

Ce type de poésie est la bouée à laquelle nos contemporains peuvent s'accrocher, alors qu'ils se noient dans un océan matérialiste désespérant.

Parfois, j'exagère. J'en ai le droit. D'autres ont exagéré avant moi. Il n'y a qu'à relire *« Paroles »* de Prévert. Je prends le même droit d'écrire des vers engagés, je veux dire « qui m'engagent ». Je n'exhorte personne. J'assume mon intériorité, je laisse voir d'où elle vient, vers qui elle conduit.

Je revendique une certaine désinvolture et je me fous de l'engagement des poètes. Ceux-là cherchent à engager leurs lecteurs. De quoi se mêlent-ils ? L'arrogance n'est pas loin. La poésie existe pour la beauté et si elle change le monde, c'est en plus... Les engagés sont des enragés de l'idée, ils risquent de sacrifier la beauté, hélas ! Il faut tenir les deux me répondra-t-on. Forme et fond, c'est l'idéal. Mais le chemin est semé de tentations. D'ailleurs j'y succombe régulièrement. Il m'arrive de sacrifier la beauté à l'idée (je le regrette) et l'idée à la plaisanterie (je ne regrette pas).

Leurs vers des enragés... des engagés me touchent-ils ? C'est la seule question qui vaille. *« La rose et le réséda »*, oui. *« Pater noster »*. Non. *« Le dormeur du val »* oui, mais *« Voyelles »*, non.

Des dernières décennies du XXème siècle, je n'aime pas la poésie – c'en est ? – sans musique, sans rythme, sans sens ou tellement inintelligible, que seuls les esprits supérieurs y entendent autre chose que du vent.

Pour ne pas vous paraître plus passéiste que je ne le suis, je vous cite deux contemporains. Alain Serres pour *« La sandwicherie »*, et Bobin. Le peu que j'ai lu d'eux m'a plu. *« La plus que vive »* est un texte bouleversant, beau, moderne et compréhensible. L'intériorité est patente pour ne pas dire la prière et la foi qui en sont les filles. Et j'ai aimé les quelques poèmes d'Alain Serres.

Puis-je me dire poète, tout bas, moi qui ai le culot de présenter ce recueil ?

Non, évidemment, si je me compare aux Grands Morts que j'ai cités.

Oui, si je considère que de mon intériorité surgit l'expression de mon humanité inquiète, douloureuse, belle je l'espère et la quête d'un absolu, en vers plus ou moins bancals, dans laquelle d'autres éventuellement, si je suis lu un jour, se reconnaitront. Pour le talent, je ne puis pas être juge et partie. Je laisse à d'autres le soin de me cataloguer parmi les Grands Morts ou la légion des emmerdeurs de mon temps.

Ah ! si seulement un seul de mes vers pouvait toucher ton cœur, lecteur… J'aurais réussi mon coup.

Bonne lecture.

Charnel d'Agneau

-I-

Tristesse

Ô ma blanche princesse
Ma demi-solitude
Mon poison, mon ivresse
Ma terrible habitude,

J'ai laissé aller ma vie.
Par hasard, de ton côté,
Sans plaisir, sans envie,
Sans aucune volonté.

Ô mon amour diaphane
Délicieuse cigüe,
Ma langueur océane
Des tristes nuits exigües.

-II-

Un moderne païen

Pyrénées, ma toute belle,
Dolomites, Andes, Djebel
Temples des derniers humains
J'irai sur tes pentes demain.

Je suis un moderne païen !

Montagnes noires et sacrées,
Chamans, druides et sorciers,
Buvez aux horizons lointains,
Dansez au soleil du matin.

Je suis un moderne païen !

Mon âme n'espère rien,
Qu'entendre les mots aériens,
Les vibrations tout autour
Des ailes fauves des vautours.

Je suis un moderne païen !

L'Esprit habite les lieux,
La forêt, l'air, les eaux bleues,
L'ours, la gentiane et l'isard
Le minéral et le hasard.

Je suis un moderne païen !

-III-

Quel jour !

Aah... Quel jour... !
Quel jour,
Que le jour où tu naquis !
Quel cri,
Que le cri que tu fis !
Quelle joie,
Que la joie qui surgit !
Quelle larme,
Que la larme qui coulit
De cet œil qui pleurit
Le jour où tu naquis !

Inspiré de Jean Tardieu,
La belle fête.

-IV-

Aventure enfantine

L'enfant grimpe, puis rêve perché dans les branches,

Qu'il est Saint-Ex, héros de l'Aéropostale.

Sous ses pieds, le temps défile et les Andes
                                    blanches.

Ah, les vaincre, faire une arrivée triomphale !

Son coucou vibre, grince. Il tire sur le manche.

Est-ce l'heure de la mort qui sonne au cadran ?

Les cimes approchent leurs dents pointues, l'avion
                                    se penche...

Il est passé ! Hourra ! C'est Mermoz en plus grand !

Il se dresse heureux dans la gloire, sous les cris

De la foule autour des ailes de l'avion gris.

Une voix s'élève, des mains vers lui se tendent...

Quoi ? Un autographe pour une admiratrice ?

Une séance photo avec une actrice ?

Non ! Sous l'arbre, sa mère et les leçons l'attendent.

-V-

Ma tête part

Mon lit douillet me tend les draps
Je m'y blottis, j'y fais du gras.
J'écoute au chaud, les sons du soir.

J'entends des tics, des clics, des tacs,
Des tas de trucs qui claquent et craquent
Et s'assourdissent sans surseoir.

Tout disparait de la surface
Dedans, dehors, la vie s'efface
Mon corps s'endort, ma tête part.

-VI-

Couleurs

Brune,
la Terre qui nourrit
le grain, le germe et la moisson,
mon humble mère qui sourit,
l'humanité,
le chat en sa maison.

Bleue,
la Terre, depuis la Lune,
et des falaises de Paimpol
d'où Soizic crie son infortune
à la mer sourde,
le froid tombeau de Paul.

Blanche,
la Terre qui frémit
sous un beau tapis doux de neige,
quand le soleil, de jour, de nuit,
frôle de ses doigts
le dos de la Norvège.

Bigarrée,
La Terre caméléon
Machin cosmique égaré
à la beauté variable selon
mes joies, mes peines, mes souvenirs,
l'orage et les blés à venir.

-VII-

Ma prairie

D'ondoyantes vagues vertes…

C'était ma prairie à perte

De vue, et le ciel au-dessus,

Immensément bleu, sans issue.

Ô ma prairie, je t'abreuvais

Du sang de ma jeune bouche…

Et les fiers chevaux de nos braves,

Sur la mer chlorophyllienne,

Fendant les flots de leur étrave,

Avançaient en file indienne.

Ô ma prairie, je t'abreuvais

Du sang de ma jeune bouche…

Je n'entendais ni les mustangs,

Ni le cri de l'aigle totem,

Tant le vent dans l'herbe qui tangue,

M'assourdissait jusqu'à l'extrême…

Ô ma prairie, je t'abreuvais
Du sang de ma jeune bouche…

Si vaste que soit la prairie
Qu'un tomahawk trouve l'infâme.
Pour écraser son dernier cri.
Crow ou Pawnee, forceur de femmes.

Ô ma prairie, je t'abreuvais
Du sang de ma jeune bouche…

La chevelure de la Terre
Si lisse et légère à mes doigts,
Flottait dans un ciel jaune et vert,
Très haut, par-dessus mes seins froids.

Ô ma prairie, je t'abreuvais
Du sang de ma jeune bouche…
Baignée dans l'herbe, je rêvais…
Que plus personne ne me touche !

-VIII-

Chant

A l ombre, loin du camp,
Sous la ramure d'un
Sapin obscur, et quand
Enfin, la nuit éteint
Les derniers feux du jour,
Mes frères commencent
A jouer du tambour.

Sous la lune immense,
Je chante Hey ! Hey ! Ha !
Ha ! Hey ! Hey ! Ha !

Nocturne

L'astre tantôt si d'or
Est happé par un nuage
Qui s'en goinfre et le dévore.

Vilaine nuée astrophage
Bientôt rongée par le remords
Pleure des cordages
Sur feu l'astre mort.

- X-

Au temps

Au temps glorieux
De mes aïeux
Libres et fiers,
Mes frèr's bisons
En leur saison
Couvraient la Terre.

Au temps des chasses
Tout était grâce
Du Grand-Esprit,
La peau, les os,
Cornes et sabots,
Chair équarrie.

Du temps amer
Des pleurs des mères
Et des massacres,

Mes frèr's conservent
En leur réserve
Comme un goût acre.

Du fond des âges,
Entends le sage
Taureau Assis
Parler aux siens
Du temps prochain
En prophéties.

Ces séparés du Grand Esprit,
Aux œuvres délétères
N'ont pour la vie, l'eau, la Terre.
Que force, que rage,
Et nous traitent de sauvages.
Ceux-là filent au galop vers la mort,
Ils ont réglé eux-mêmes leur sort.
Au jour fixé, tout leur sera repris.

L'esprit rapace
Va, vient, mais passe.

-XI-

L'instant béni

Sortis du papier machine
Les héros sont plus réels
Que les ombres qui voisinent
Par clics, tweets ou courriels.

Aussi sûr que mes défunts
M'habitent de leur présence,
Ces compagnons, au mot fin,
S'attardent avec élégance.

Plus vrais que mes souvenirs,
Que mille vies que je porte,
Ils se pressent, sans franchir
Jamais le seuil, à ma porte.

Ils sont là, je les entends
Au-delà, parler et vivre.
Je les rejoins à l'instant,
Béni, où j'ouvre le livre.

-XII-

Ouest terne

De Fontenay à Luçon
J'ai parcouru la plaine
Sans croiser un bison,
Ni la plume d'un Comanche.
J'ai scruté l'horizon
Et j'ai perdu ma peine
Ni convoi, ni colons
Tout le long de ce dimanche.
Dans mon Ouest terne !
Dans mon Ouest terne !

Des Moines restent cois
Au nord de Mille-Souris,
Mais « Goddam ! » ils font quoi
Les cow-boys de mon enfance ! ?
Dans leur coque de noix
Mes migrants ont péri,
Soudain mes yeux se noient
En lisant le Ouest-France.

Dans mon Ouest terne !
Dans mon Ouest terne !

Je chasse le cafard
Je bondis sur ma selle
Je fonce sans retard
Vers des aventur's nouvelles.
Pour garder la frontière,
Je longe le Rio.
Je scrute le polder :
Pas l'ombre d'un sombrero.
Dans mon Ouest terne !
Dans mon Ouest terne !

Dans les ranchs isolés
On craint les ragondins
Mais pas d'être volés
Par des bandits Mexicains
J'ai pas même un cheval
Ni même un pistolet,
Quand j'escorte le canal
C'est sur mon vélo rouillé.
Dans mon Ouest terne,
Dans mon Ouest terne.

Je rumine et je peste
Le moral à zéro
Je suis pas le héros
Qui embrasse la Belle Henriette.
Musique de Morricone,
Gros plan sur mes émois
A la Sergio Léone,
J'veux ma vie en cinéma !
Dans mon Ouest terne !
Dans mon Ouest terne !

Pas d'Hollywood Boul'vard,
De femm's en bikini,
Pas une bagnole de star,
Où est ma Californie ?
Les goélands atones
Deviennent suicidaires
C'est un village fantôme
La Faut' sur Mer en hiver
Dans mon Ouest terne
Dans mon Ouest terne.

-XIII-

Ô Ô A

Ô

Tristes apôtres du néant,

Pauvres raisonneurs

Pauvres médisants !

Ô

Tristes sires railleurs

Ça m'égalerait

D'être privé de vos lumières

Qui rétrécissent le monde

A

une vie

Sans fées, sans mystères

Sans miracles,

Sans vin ni divin,

Sans Pâques,

Sans détails qui clochent

Sans espoir,

Sans belles histoires,

Sans loups

Sans sorcière toute moche

Sans lendemain,

Sans signes à percevoir,

D'au-delà sous la main,

Sans rien qui nous dépasse,

Sans vilain petit canard

Ni cygne, ni trace.

A

Une vie

Sans poésie, sans sonnets,

Ni mésanges,

Ni tes démons étranges

Sans cornes ni queue.

A

Une vie

Qui ne rime à rien,

Du début à la fin,

Sans strophes, ni vers que,

Dans les caveaux de famille,

Ceux qui grouillent et fourmillent,

Et bouffent nos défunts.

A

Une vie

Sans promesses ni magie,

Ni citrouille,

Sans princesse qui se marie

A la première grenouille.

A

Une vie

Sans aube,

Sans lys dans la vallée,

Sans brume

Vague robe de mariée

Naissant du lit du Lay,

Sans crépuscule

Sans la bête du Loch Ness

Qui plonge et fait des bulles,

Sans fantômes qui déambulent

En ivresse dans Inverness,

Sans chênes à vénérer,

Sans ciel, sans étoiles filantes

Ni vœux à formuler,

Sans Noëls, sans attente,

Sans rien à comprendre.

Sans monts, sans mers,

Sans déserts où se retirer,

Sans rien pour surprendre,

Sans espaces sacrés,

Sans visions,

Sans prophéties,

Sans Esprit.

Oui

Je préfère mes fadaises

Aux vôtres

Ô

Pauvres Apôtres

D'un monde intelligible

Sans Intelligence,

Où

Tout est explicable

Et rien n'a de sens.

-XIV-

Chant d'exil

Tout doux
Tournent les roues
Qui nous retournent chez nous.

J'ai fui la misère,
Mais le peu que j'emporte,
Qui me conduira près de toi ? -
L'amour de ma mère,
Rend mon âme plus forte.
Il me conduira près de toi.

Tout doux
Tournent les roues
Qui nous retournent chez nous.

A bord d'un bateau
Au quai de La Rochelle,
Qui me conduira près de toi ? -
Je vais en sabots,
Les yeux sur mon missel.

Ils me conduiront près de toi.

Tout doux
Tournent les roues
Qui nous retournent chez nous.

La mer démontée
Hurlait à la mort,
Qui me conduira près de toi ? -
Ce jour j'ai compté
Les os de mon corps.
Il me conduira près de toi.

Tout doux
Tournent les roues
Qui nous retournent chez nous.

En Pennsylvanie
Il n'y avait plus de place.
Qui me conduira près de toi ? -
A l'ouest de Saint-Louis
Les rêves me dépassent.
Ils me conduiront près de toi.

Tout doux

Tournent les roues

Qui nous retournent chez nous.

Les charriots serpentent,

En convoi dans la plaine

Qui me conduira près de toi ? -

Peu importe la pente,

Peu importe la peine

Elles me conduiront près de toi.

Tout doux

Tournent les roues

Qui nous retournent chez nous.

Brève la traversée

De la vallée des larmes,

Qui me conduira près de toi ? -

A peine suis-je avancé,

Que j'entends le vacarme

Des portes qui s'ouvrent pour moi.

Inspiré du negro spiritual
"Swing low, sweet chariot." de Wallace Willis

-XV-

A peu près

de Verl Polhen, « Poèmes martiens » (1866)*
Traduction du danois : Charnel d'Agneau

Les cent gros longs
des villes font
une tonne,
fais-je moqueur
plein de liqueur
à ces hommes.

Toux suffocantes
Et blêmes quand
Tonne leur
Jeune souverain,
Un Jurassien.
Ai-je peur ?

Légèrement vert
Devant mon verre
Que m'importe
Le roi des gros
Je ne bois qu'aux
Filles fortes.

NDLA.

*Verl Polhen, poète danois né en 1844. Complètement inconnu du grand public durant sa vie, il est admiré et fêté par les poètes de son temps. La reconnaissance publique de son talent n'arrive qu'à la fin de sa vie, quand l'académie royale du Danemark lui décerne le titre de « Primat des poètes ».

Après « Poèmes martiens », on lui doit « Comme une image » (1880), « Aujourd'hui et Maintenant » (1884), « Perpendiculairement » (1889). Sa vie privée ne fut pas heureuse : mœurs dissolues, divorce, prison, alcoolisme et crise de foi… Il se nommait lui-même « forbandet digter » qu'on peut traduire par « damné rimailleur », surnom repris par un groupe de poètes nordiques qui se réclamera de son héritage artistique.

Polhen a largement contribué à faire connaître l'œuvre de son compatriote, et amant éphémère, Robin Urthar, météore de la poésie scandinave, auteur de « la barque saoule » (1871) et de « la sieste tragique » (1870).

Verl Polhen meurt de Saturnisme en 1896.

-XVI-

Rue de la Miltière

Les chats choudain
Envahirent la rue de La Miltière.
Ils choisirent chacun
Un cheuil à occuper,
Un rebord de fenêtre,
Un garache,
Une cave,
Une cabane de chardin,
La rue même,
Et juchque dans le langache
Des chats, des chats, des chats.

Les chens,
Les pauvres chens,
Ne chavaient plus
Que faire de ces chats,
Sans maîtres ni dieux,
Qui che croyaient partout chez eux,
Qui Laichaient leurs déchets,
Poils, odeurs et portées

A qui n'en voulaient pas.

Puis un chour,

Un chat parmi nous

creva.

Sans hichtoire.

Un autre minet mourut

Chans crier gare, car ch'est connu,

Les chats ne crient

ni « gare », ni « stachion opéra ».

On ch'étonna, chertes, mais chans pluche.

La chemaine chuivante

Une vague de trépas

Chubmergea les chats envahichieurs.

Chette fois des chens

Ch'interrochèrent

che conchultèrent

Ch'indignèrent

protéchtèrent

accuchèrent

le voisinache

la chochiété

la Franche

Jéchus fiche de Dieu

De poucher les chats,

Ches pauvres chats chi chentils,

A l'anéantichement,

Chous les roues des autos

Qui pachaient rue de la Miltière.

La peur étendit chon

Manteau brodé de choupchons

Chur le bourg.

On conchtata

Des disparichions inexchpliquées

De frères à quatre pattes

Mais nulle trache de pchychopathe !

Un chat était là, le lendemain n'y était plus.

Cinq un soir et quatre le matin.

Trois à midi et deux à minuit.

Dès potron-minet, il n'en restait qu'un.

Mais celui-là, dûment pucé,

Tatoué, vacciné, nommé, domicilié,

stérilisé, tamponné et enregistré.

Les achassinats cessèrent.

On ordonna
Une marche blanche aux chats.
Une foule immense d'individus
deux pelés, un tondu -
Cria vengeance
Et pleura la fin de l'Occupation.

Rue de la Miltière,
Derrière les volets fermés,
L'on murmurait : A bas le chafisme !

On commanda
Un monument au chat inconnu
En expiation de l'infamie.
On prononcha,
avec des « ch » bien plachés,
sur le thème de la repentanche,
Un éloche funèbre aux chats qu'on tue.

Rue de La Miltière, on se tut.
Silence des plombs.

On prescrivit,
Pour clore la cérémonie,
Un verre de l'amitié

Entre spécimens
De la race humaine.
On but,
En souvenir des victimes
Et de l'heure de boire.
On but,
Par devoir de mémoire,
Aux bêtes anonymes,
Dévots
Des temps nouveaux
Des droits du chat,
Du chien et du cheval,
Du règne animal,
Mais ni du pou ni du cafard
Qui n'ont que des devoirs.
On but,
Mais on ne dansa pas.
On but
Au bal perdu.
On but,
Ça fait partie des rites,
On but et on bouffa
Des toasts de soja
Et du lapin d'Echypte.

-XVII-

Ménages

Il est une femme

Dont chaque sourire

Me cueille le cœur

Chaque baiser

Me baigne de douceur

Chaque parole

Un poignard ou une fleur.

*

Le voici, chère amie,

Dans ses vilains atours

Ce cœur pâle et jauni,

Qui supplie votre amour.

J'eusse aimé à cette heure

Qu'il ne fut point terni

De la funeste erreur

D'avoir déjà servi.

*

Quelle pitié docteur,

Quelle infamie

Que de n'avoir qu'un cœur,

Quand pour aimer ma mie

Il m'en eut fallu mille

De la taille d'une ville !

*

Et maintenant

Que je suis moins seul,

Je n'en sais pas plus

Sur l'amour

Que du temps où

J'avais le cœur lourd

D'être tout seul.

-XVIII-

Un soir

L'oiseau se pose,
Bleu, jaune, noir,
Il chante.
Il est beau
Et on l'aime.
C'est le soir
Et songeant à rien
On approche la main
L'oiseau s'envole
Il disparait
Avec ses couleurs
Et son chant.

I ne reviendra pas.

-XIX-

Ces larmes-là…

Ces larmes-là font-elles un fleuve

Qui emporte au loin le chagrin ?

Voici la peine qui m'étreint

Et m'inflige une douleur neuve.

Comme des galets ivres peuvent

Rouler dans le courant du Rhin,

Ces larmes-là font-elles un fleuve

Qui emporte au loin le chagrin ?

Soudain, quelques pensées m'émeuvent,

L'instant d'avant j'étais serein,

Mes joues sont des terres qu'abreuve

Sans fin, une averse à gros grains.

Ces larmes-là font-elles un fleuve ?

Rondeau – Inspiré de Charles d'Orléans

-XX-

Allons enfants …

Lève-toi, France éternelle, sors de ton somme !
Ecris une page nouvelle en lettres d'or,
Ajoute les héros d'aujourd'hui à nos morts
Glorieux qui passèrent d'autres maëlstroms.

Ceux de Valmy, Verdun et de Koufra te somment
De refuser le joug, les harnais et le mors
De la bête dressée résignée à son sort,
Et d'accepter ce que coûte de vivre en Homme.

Un jour assassinés et unis maintenant,
Ceux de Châteaubriant et ceux du Bataclan,
Otages de Barbares abjects et terribles,

T'exhortent, France libre, à combattre à nouveau.
Il faut vaincre ou périr, nul autre choix possible.
De Gaulle et Clemenceau, sortez de vos caveaux !

-XXI-

Colère

Le calme n'est qu'apparent.
Le volcan est endormi.
Mais sous le cône refroidi,
La pression monte d'un cran.

Dans les profondeurs obscures
Des entrailles,
Inexorablement, parmi l'ordure,
Mes humeurs travaillent.

En ce lieu infernal, les soucis,
Les remords, les blessures
Et les chagrins fermentent,
Et secrètent une mixture
Acide, amère, et violente
Aussi.

Et voilà que, d'un coup de stress
Brutal autant qu'inattendu,
Elle surgit, l'odieuse maîtresse !
Un vautour à tête de femme,
De l'intérieur, me déchire le crâne,
Passe un cou grêle et tendu

Hurle, se débat et bave
Sur le malheureux esclave
Un fiel poisseux
Qui coule et m'englue les yeux.
Elle sort de ma raison
Trainant dans ses griffes
Des morceaux de cervelle
Me laissant dans une brume nouvelle
De réalité apocryphe.

Et chacun reconnait
La harpie à son chant :
Éruption de cris,
Giclées de mots fleuris,
Tonnerre de poings sur la table,
Honteuses vilénies
Qui m'accablent
Et soudainement me laissent
Sans voix, sans force,
Comme un pantin ahuri.

Alors, hautaine, en pleine lumière,
Comme une statue de déesse,
Les serres plantées dans ma faiblesse,
Elle a le triomphe fier,
Ma colère.

-XXII-

A la parfin…

Si bien qu'il soit,
N'est à demeure
En son chez soi,
Ni son vilain,
Ni Sire mon roi,
Qu'à la parfin
Icelui meurt.

Si fort qu'on sonne
A tour de bras,
Le glas résonne
Du même son
Très monotone,
Pour le larron,
Pour le bourgeois.

Si raide qu'il soit
En son cercueil,
Vile caisse en bois
Et blanc linceul,
Quand il s'en va
Il est bien seul
Sans plus d'orgueil.

-XXIII-

La trahison des bergers

Nous partîmes cinq-cents,
Mais par un mauvais sort
Je fus seul dans l'encens,
A Notre-Dame du port.

Où sont allés ceux
Qui aimaient mieux que moi
Pr er l'enfant des cieux,
Er avaient des émois ?
Nous partîmes cinq-cents
Dents de lait, cheveux d'or,
La plupart à vingt ans
Avaient viré de bord.

Cinq-cents, cinquante, et un
Pour le saint sacrement :
On rit de l'Indien,
Dernier des Mohicans,
Pistant quelques copains,
Qui manquent sacrément.

Nous partîmes cinq-cents,
La foi chantante au corps,
Livrés aux malfaisants
Le diable en rit encore.

-XXIV-

Bise Martine

"La chair est triste, hélas ! et j'ai lu tous les livres.[1]"
Que reste-t-il en moi qui donne envie de vivre
Encore un jour, une heure, et non pas d'exister,
Comme un ver dans le fruit bouffe pour subsister ?

Un Ennui, contrarié par de joyeux espoirs,
Jamais ne s'épanouit à me mourir le soir,
Avec de belles phrases, tristes et poignantes.
Car toujours mon cœur, ô mon cœur, dans la nuit
                                              chante.

[1] *brise marine -Stéphane Mallarmé*

-XXV-

Psaume égaré *(fragment)*

[1] Je suis dans la main du Seigneur.

[2] Il ne peut rien m'arriver qu'il ne me donne la force de supporter.

[3] Mes malheurs déjà me hissent plus près de son cœur.

[4] Mes bonheurs sont des grâces que je n'ai pas méritées.

[5] Mes bienfaits ne me valent rien.

[6] Depuis longtemps, mes méfaits sont pardonnés.

Attribué au Second fils du roi David,
et fils d'Abigaïl de Carmel.

NDLA[1] : Le texte ci-dessus provient d'un fragment de rouleau retrouvé dans le tombeau des rois, Jérusalem-est, en 1893, lors des fouilles archéologiques menées par le Dr Niel Nachaa (E.U.) et traduit de l'hébreu ancien par Andrei El Cauhan (Ecole biblique et archéologique française de Jérusalem, 1973).

Le lecteur pourra s'étonner de la présence d'un psaume à l'intérieur d'un recueil de poèmes. Outre qu'un psaume est aussi un poème, j'ai estimé que ce texte trouvait sa place à la fin de mon recueil pour plusieurs raisons que je n'expliquerai pas à l'exception de ceci :

- ce psaume est une excellente conclusion.

- Le docteur Nachaa, le professeur El Cauhan et moi-même sommes vaguement apparentés du côté de ma mère. Il me tenait à cœur d'honorer leur travail, en participant à sa diffusion.

NDLAA[2] : Ni le Vatican, ni l'Ecole Biblique et Archéologique de Jérusalem n'ont ni confirmé, ni démenti avoir été en possession d'un tel fragment.

NDLA[1] : Note de l'auteur

L'auteur

Mon ami, Charnel d'Agneau est redevenu, en 2008, l'Amérindien Kandas de la nation Massachipa qu'il était à sa naissance dans la réserve Birches-Among-Oaks (Wyoming) en 1968. Vers 3 ans, un couple français, Lucien et Daisy Charles, l'adoptent. L'enfant leur aurait été confié par les autorités de la Réserve et non les services fédéraux, ce qui explique qu'il n'existe aucune trace administrative de cette adoption dans les services sociaux du Wyoming.

Il devient Christophe Charles et grandit avec ses frères et sœurs à Luçon (Vendée) où son père est gendarme mobile. Il part étudier à la faculté de Lettres de Nantes. Il se découvre une passion pour le théâtre et monte sur les planches. Il se rend aux Etats-Unis à la fin de ses études, pour tenter sa chance.

Il s'installe à New-York en 1991, prend des cours de théâtre, donne des cours de français, fait du ménage, vend des téléphones, des fleurs et du nougat. Il fait la connaissance de son épouse et se marie à Lawrence (NY) en 1997. Le couple a trois enfants : Light, Jane et Lewis. Au début des années 2000, sous le pseudonyme Chris Charles, il rencontre le succès, en tant que comédien. Il reçoit deux récompenses pour son interprétation de femme battue dans « Un garçon bien sous tous rapports » (2002) et son interprétation de colon raciste dans « L'odeur du sous-sol » (2004). Sans explication de sa part, il met fin à sa carrière au théâtre.

En 2006, il s'installe à Fort Hengel (Wyoming) à quelques kilomètres de sa réserve natale. Il étudie les coutumes, la culture, le droit coutumier et l'histoire des Kandas. Il entre dans la police de la Réserve en tant qu'adjoint au shérif (2011).

Il reçoit, au cours d'une cérémonie traditionnelle, un nom indien : Djè-daeh Siday (Lamb Flesh en anglais). « Charnel » est un choix de traduction française de son nom Kandas. L'intéressé le trouvait plus joli que bidoche, barbaque, viande, chair, pièce, tranche ou gigot...

Il n'oublie pas ses racines françaises pour autant. Christophe Charles, Chris Charles, Lamb Flesh, Djé-deh Siday, Charnel d'Agneau, de quelque manière qu'il se nomme, ne cesse d'écrire dans la langue de son enfance. Quelques poèmes publiés sur un blog attirent mon attention. Je les découvre un peu par hasard en naviguant sur le web. Je prends contact avec lui. Nous sympathisons rapidement : même génération, mêmes goûts, même origine vendéenne, même jeunesse (familles catholiques vendéennes, milieu modeste et rural, études à Nantes, goûts pour la poésie, le théâtre, John Wayne et Clint Eastwood…).

Je le rencontre physiquement pour la première fois en 2015. Puis, assez rapidement, je prends contact avec la famille Charles pour en savoir un peu plus sur l'enfance et le parcours de celui que tous continuent d'appeler Christophe. J'évoque son adoption, et, stupeur, chacun de me répondre par un haussement d'épaules, un petit rire embarrassé, un soupir d'agacement ou de lassitude. Je suis décontenancé. Son père lâche finalement : « Si Christophe le dit… ». Plus tard, en confidence, un membre de la famille me révèle que Charnel a été hospitalisé une année pour troubles mentaux (mythomanie sévère) et que je dois considérer ce qu'il raconte avec une extrême prudence. Les

Charles souhaitent préserver le lien avec leur fils ou frère en ne donnant aucune version contradictoire à sa biographie. Je n'insiste pas. J'évoque avec lui sa maladie quelques jours plus tard. Il reconnaît immédiatement son hospitalisation passée mais refuse catégoriquement de changer un mot de ce qu'il a raconté de lui. Nous nous revoyons et, au bout de quelques rendez-vous, je décide de ne pas chercher une autre vérité que la sienne et lui propose de faire publier ce recueil « Ouest Terne » que vous tenez en vos mains.

Charnel vit toujours au sein de la Réserve Birches-Among-Oaks. Il revient cependant tous les mercredis après-midi et dimanches matin visiter ses parents près de La Roche-Sur-Yon.

Dan Haunérac
La Faute sur Mer, 01/04/19

Contact :

J. D. Siday
Agent pour la France et l'Europe : D. Haunérac
haunerac@gmail.com